FABULA CRIMINALIS

A LATIN NOVELLA
BY
ANDREW OLIMPI

Comprehensible
Classics
VOL. 21

Comprehensible Classics Press
Dacula, GA

CLODIA: FABULA CRIMINALIS

A Latin Novella

by Andrew Olimpi

Series: Comprehensible Classics #21

Comprehensible Classics Press
Dacula, GA

First Edition: June 2021

Cover painting and design by Andrew Olimpi

ISBN: 9798512507070

tale a me tibi super hoc traditur consilium: ut per rivolus, et non statim in mare, eligas introire; quia per facilia ad difficilia oportet devenire

"Concerning this I hand over to you this plan of study: that you chose to enter through a little stream, and not immediately plunge into the ocean; because it is necessary to arrive at the difficult places through easy paths."

St. Thomas Aquinas
letter to Brother John
"*de modo studiendi*"

About the author

Andrew Olimpi lives in Dacula, Georgia with Rebekah, his beautiful and talented wife, and his son Ransom, a rambunctious toddler and future Classics scholar (probably). When he is not writing and illustrating books, Andrew teaches Latin in Dacula, Georgia. He holds a master's degree in Latin from the University of Georgia, and currently is working on a PhD in Latin and Roman Studies at the University of Florida. He is the creator of the Comprehensible Classics series of Latin novellas aimed at beginner and intermediate readers of Latin.

Author's Note

The events of this novella are based on historical events, though the narrative that follows should in no way be mistaken for history. It is historical fiction through and through. My primary source was the poetry of Catullus, a poet I've been teaching at the secondary level for at least a decade. The plot originated from my attempts to teach my students about the historical characters mentioned in the thirteen or so poems that were part of my third-year Latin course. Historically speaking, since the fate of several of the characters are unknown (Clodia, Catullus, and Caelius Rufus, for example), I enjoyed the challenge of imagining what could have happened to these characters after they disappear from historical view. Accordingly, I hope that readers excuse my playing fast and loose with the chronology and facts of the events. I have no pretentions of writing history. I simply want to tell a good story that a novice Latin reader can comprehend and enjoy.

Now for the details: after much indecision, I have classified this novella as Level C, though I believe it could fit on either Level B or C. Most of my Latin students would be capable of reading the book by the end of their first year (though some may need some support). In my own program I envision this book making taking a comfortable place on the Latin II reading shelf, though I am confident some of my more advanced Latin I students may venture to read it.

So, how much vocabulary is in the book? If all the glossed words are omitted from the count (and they tally to a substantial amount), my count is about 177 unique words, 45 of which are cognates. Thus, omitting cognates as well, the vocabulary demand on the reader is fairly light—around 132 unique words.

Andrew Olimpi
Dacula, GA, 2021

ABOUT THE SERIES:

Comprehensible Classics is a series of Latin novels for beginning and intermediate learners of Latin. The books are especially designed for use in a Latin classroom which focuses on communication and Comprehensible Input (rather than traditional grammar-based instruction). However, they certainly are useful in any Latin classroom, and could even provide independent learners of Latin interesting and highly readable material for self-study.

LEVEL A: Beginner
Ego, Polyphemus
Lars Romam Odit
Mercurius Infans Horribilis
Aulus Anser (forthcoming)

LEVEL B: Advanced Beginner
The *Familia Mala* Trilogy:
Familia Mala: Iuppiter et Saturnus
Duo Fratres: Familia Mala Vol. II
Pandora: Familia Mala Vol. III
Labyrinthus

LEVEL C: Low Intermediate
Clodia: Fabula Criminalis
The *Io Puella Fortis* Series
Vol. I: *Io et Tabellae Magicae*
Vol. II: *Io et Monstrum Horrificum*
Via Periculosa
Idus Martias

LEVEL D: High Intermediate
Puer Ex Seripho Series:
Vol. I: *Perseus et Rex Malus*
Vol II. *Perseus et Medusa*
Vox in Tenebris
Eques Viridis Series
Vol. I: *Eques Viridis: Tres Chartulae*
Filia Regis et Monstrum Horribile

LEVEL E: Advanced (Tiered Readers)
Daedalus et Icarus: A Tiered Latin Reader
Reckless Love: The Story of Pyramus and Thisbe
The Mysterious Traveler: A Medieval Play about St. Nicholas: A Tiered Reader

CAPITLULUM I

cēna

Clōdia sedet ad **mēnsam** magnam et splendidam.

mensa: *table*

Clōdia est fēmina pulchra et **dīves**, quae Rōmae habitat.

dives: *rich, wealthy*

prope mēnsam splendidam est parva mēnsa. ad mēnsam parvam sedent **clientēs** Clōdiae, quī cibum malum comedunt et vīnum malum bibunt.

clientes: *clients (people who are financially dependent on Clodia)*

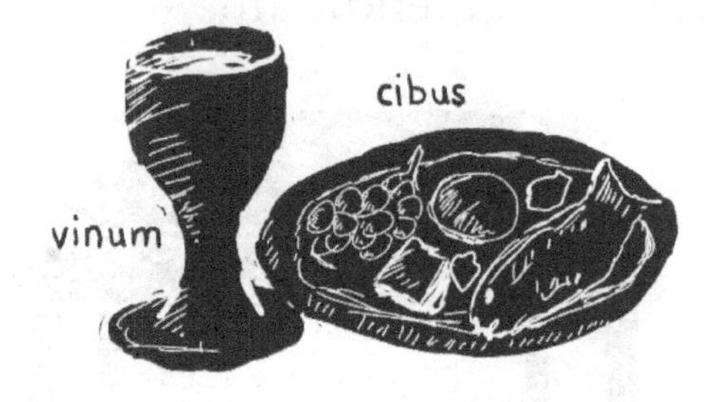

Clōdia spectat ūnum virum vīnum bibentem ad mēnsam parvam.

Clōdia putat virum esse pulchrum.

"Rutilia!" clāmat Clōdia.

Rutilia est **ancilla** Germānica. Rutilia est fēmina pulchra **capillīs rubrīs.**

ancilla: *enslaved woman*

capillis rubris: *with red hair*

Rutilia rapidē respondet: "ō **domina**, tū mē clāmās?"

domina: *mistress*

vōx ancillae parva est, quia dominam ēius timet.

Clōdia inquit: "ō Rutilia, vidēsne virum pulchrum, quī ad mēnsam parvam sedet cum **clientibus** meīs?"

clientibus: *clients*

Rutilia spectat clientēs comedentēs et vīnum bibentēs et respondet:

carmina: *songs*

"eum videō. ille **carmina** pulchra scrībit. est poēta."

"poēta?" inquit Clōdia cūriōsa, "quid est nōmen huic poētae?"

Rutilia respondet: "nōmen poētae est Catullus."

* * * * * * *

"Rūfe!" Catullus clāmat.

popina: *restaurant, eatery*

Catullus **popīnam** intrat petēns amīcum Rūfum.

Rūfus, quī est amīcus bonus, audit Catullum et inquit:

"ō Catulle! cūr clāmās? cūr gaudēs?"

Catullus: "gaudeō quia invītātus sum!"

Rūfus: "ubi **cēnābis**?"

cenabis: *will you dine?*

Catullus: "**apud** Clōdiam!

apud: *at (Clodia's house)*

Clōdia mē invītāvit ad cēnam."

Rūfus: "ad cēnam magnam?"

Catullus: "cēna nōn est magna."

Rūfus: "quis cēnābit?

Catullus: "ego… et Clōdia cēnābimus."

Rūfus attonitus inquit: "*tū* et Clōdia cēnābitis? **nōnne** tū timēs cēnāre apud Clōdiam?"

nonne: *surely*

Catullus rīdet: "cūr ego Clōdiam **timērem**? Clōdia nōn est horrifica!"

timerem: *would fear, be afraid of*

Rūfus: "nōnne tū timēs Metellum?"

Catullus: "Metellum? quis est Metellus?"

Rūfus: "ō Catulle stulte,
Metellus est **marītus** Clōdiae!"

maritus:
husband

CAPITULUM II

apud Clōdiam

"Metellus... Metellus est marītus Clōdiae," Catullus inquit parvā vōce.

nunc poēta nōn est in **popīnā** cum amīcō Rūfō. nunc Catullus est in viā prope domum Clōdiae.

popina: *restaurant*

Catullus vult cēnāre **apud Clōdiam**. Catullus autem Metellum timet.

apud Clodiam: *at Clodia's house*

Metellus est vir dīves… et fortis!

Catullus **cautus** et timidus domum intrat.

cautus: *careful, cautious*

in domō Clōdiī Catullus vōcem audit. est fēmina quae magnā vōce **flet**. Catullus putat fēminam flentem esse Clōdiam.

flet: *is crying, weeping*

ānxius Catullus sonum investīgat et fēminam videt sedentem sōlam.

capillis rubris: *with read hair*

fēmina quae flet nōn est Clōdia, sed fēmina **capillīs rubrīs**.

novi: *(I) know*

ancilla: *slave-woman, serving woman*

*ego fēminam **nōvī**! est **ancilla** Clōdiae. cūr ancilla flet?*

subitō Catullus audit magnam vōcem.

"quis es tū, ō vir?!"

Catullus est timidus! vōx est masculīna!

ēheu!

Metellus domī est!
Metellus mē videt!
ego Metellum timeō…

nunc Catullus potest vidēre virum quī clāmat.

vir nōn est Metellus! vir quī clāmat est Clōdius, frāter Clōdiae.

CLODIUS

Clōdius est vir arrogāns. ille gaudet, quia videt Catullum esse timidum.

"sum Catullus." respondet Catullus, "poēta sum."

Clōdius: "tū es poēta? **ergo** tū es pauper. cūr vir pauper **vīsitāret** sorōrem meam?"

ergo: *therefore*

visitaret: *would visit*

Catullus: "ego invītātus sum ad cēnam."

Clōdius: "Clōdia tē invītāvit? Clōdia virum pauperem ad cēnam invītāvit?! hahahae! ō sorōrem stultam!"

Clōdius magnā vōce rīdet. in manū Clōdiī est **saccus**.

saccus: *a bag*

Catullus: "ō Clōdī! ubi est Clōdia?"

Clōdius: "Clōdia tē exspectat in **hortō**, ō poēta! valē!"

horto: *the garden*

rīdēns Clōdius domum exit. Clōdius Catullō nōn placet.

ridens: *laughing*

*****

Clōdia in **hortō** sedet sōlus. ubīque in hortō erant flōrēs pulchrae. ubīque in hortō erant multae statuae pulchrae.

horto: *the garden*

cautē Catullus hortum intrat. odorēs flōrum erant bonī, et Catullus gaudet vidēre Clōdiam sedentem in hortō.

caute: *carefully, cautiously*

putat Clōdiam esse **similem** deae. Catullus autem timet Metellum.

similem: *similar to, like*

"s-s-salvē, ō Clōdia!" Catullus inquit timidus.

Clōdia respondet: "Catulle, cūr mē **timēs**?"

times: *are you afraid of*

Catullus: "ego tē nōn timeō, ō Clōdia. marītum Metellum timeō! Metellus est vir magnus et fortis. estne Metellus domī?"

Clōdia: "domī est!"

Catullus est attonita. *quid dīxit Clōdia?! Clōdia dīxit Metellum esse domī?*

Catullus (parvā vōce): "ēheu! nolō Metellum mē audīre!"

Clōdia: "nōlī timēre, ō poēta! Metellus nōn potest tē audīre."

Catullus: "cūr Metellus nōn potest mē audīre?"

Clōdia rīdēns respondet: "quia Metellus est mortuus! cras est **funus**."

funus: *the funeral*

Capitulum III

sēcrētum Clōdiī

Clōdius domum intrat.

sonum nōn facit. domus ēius est silēns.

in manū ēius est saccus.

mensa: *table*

vestes: *clothes*

ille pōnit saccum in **mēnsā** et extrahit **vestēs** ē saccō.

caute: *carefully*

Clōdius **cautē** vestēs īnspectat. gaudet, quia vestēs sunt pulchrae et purpureae.

vestēs nōn sunt Clōdiī, sed sorōris ēius Clōdiae.

"grātiās, ō mea soror," ille inquit parvā vōce, "vestēs tuae sunt pulchrae."

Clōdius sēcrētum habet. hodiē Clōdius nōn erat in domō Clōdiae ad sorōrem vīsitandam. erat in domō sorōris ad capiendās vestēs sorōris!

Clōdius vestēs sorōris cēpit et **clam** posuit vestēs in saccō.

clam: *secretly, stealthily*

Clōdia nescit frātrem Clōdium **cēpisse** vestēs!

cepisse: *took, stole*

induit: *put on*

rapidē Clōdius vestēs purpureās **induit**. difficile est Clōdiō induere vestēs fēminīnās.

speculum: *a mirror*

in mēnsā est **speculum**.

imagninem suum: his image, his reflection

Clōdius speculum capit et **imāginem suum** īnspectat in speculō.

se spectans: *looking at himself*

sē spectāns in speculō, Clōdius vōce fēminīnā inquit:

"salvēte! salvēte! nōmen mihi est Quīntia!

*****

in hortō Clōdiae Catullus et Clōdia sedent.

Catullus attonitus inquit:

"Metellus mortuus est?! esne tū trīstis?"

respondet Clōdia: "nōn sum trīstis, Catulle. familia mea est antīqua et nōbilis. Metellus familiam meam amāvit, nōn mē. et ego amāvī... pecūniam ēius!"

Catullus potest audīre ancillam **flentem**.

flentem: *crying, weeping*

ancilla rubrīs capillīs magnā vōce flet.

cur ancilla magnā vōce flet?

Catullus quoque potest audīre parvam vōcem clāmantem: "**pīpiō**! pīpiō!"

pipio: *chirp! (I chirp, I am chirping)*

Catullus: "Clōdia, audīsne avem **pīpiantem**?"

pipiantem: *chirping*

Clōdia: "est Orpheus quī pīpiat. Orpheus semper pīpiat."

Catullus: "Orpheus?"

in hortō est **cavea** magna et splendida.

cavea: *a cage*

in caveā est
parva avis quae
pīpiat.

Clōdia aperit iānuam caveae et avem capit. in manū Clōdiae avis gaudēns pīpiat.

Clōdia: "ecce Orpheus! Orpheus est avis bona. ille **neque** familiam meam **neque** pecūniam meam amat. Orpheus dominam ēius amat."

neque… neque: *neither… nor*

Orpheus: "pīpiō! pīpiō!"

*****

media nox est. Clōdius est ante iānuam parvam.

gerit: *he is wearing, wears*

videri: *to be seen*

ānxius est, quia **gerit** vestēs sorōris et nōn vult **vidērī**. potest audīre multās vōcēs. omnēs vōcēs sunt fēminīnae. Clōdius clam iānuam pulsat.

tuxtax, tuxtax!

ancilla iānuam aperit, et, vidēns Clōdium, attonita est.

ancilla: "Clōdius? sed tū—"

Clōdius parvā vōce inquit: "nōlī mē **vocāre** 'Clōdium,' ō ancilla. ecce vestēs meae. **hāc nocte** sum Quīntia!"

vocare: *call*

hac nocte: *this night, tonight*

ancilla: "sed... sed..."

Clōdius erat īrātus.

Clōdius: "aperī iānuam, ō ancilla! ego sciō Pompēiam esse domī! volō Pompēiam vīsitāre!"

Clōdius rapidē domum intrat.

CAPITULUM IV

nōmen sēcrētum

"pīpiō! pīpiō!" clāmat Orpheus.

Clōdia in hortō sedet et cum parvā ave **lūdit**.

ludit: *plays*

in manū est avis quae clāmat et **circumsilit**.

circumsilit: *jumps around*

in hortō Clōdiae est magna statua.

statua est Cupīdō, **deus** amōris.

deus: *the god (of)*

prope Cupīdinem sedet Catullus. in manū Catullī est **stylus**. Catullus, Clōdiam et Orpheum spectāns, carmen scrībit.

stylus: *a stylus*

Clōdia inquit: "ō Catulle, quid scrībis?"

Catullus respondet: "**vīvāmus**, mea Clōdia, **atque amēmus!**"

vivamus: *let us live*

atque amemus: *and also let us love*

"pīpiō! pīpiō!" clāmat Orpheus.

Clōdia nihil respondet.

Catullus cōnfūsus inquit: "placetne tibi carmen meum?"

Clōdia respondet, "carmen mihi placet, sed, ō Catulle, tū scrīpsistī nōmen meum in carmine! ego sum nōbilis et dīves, et tū est cliēns meus. volō amōrem **nostrum** esse sēcrētum.

nostrum: *our*

Catullus: "deinde ego tibi **dabō** nōmen sēcrētum!

dabo: *will give*

"erat fēmina nōmine Sapphō, quae habitābat in parvā **īnsulā**.

insula: *island*

SAPPHO

"Sapphō erat poēta bona, quae scrīpsit multa carmina pulchra.

INSULA LESBOS

"nōmen īnsulae, in quā fēmina habitābat, est Lesbos.

"nōmen sēcrētum tibi erit... Lesbia! Lesbia **significat** 'femina quae habitat in īnsulā Lesbō.'"

significat: *means*

delet: *erases*

Catullus stylō **dēlet** nōmen "CLŌDIA" et scrībit "LESBIA."

Clōdiae placet nōmen "Lesbia," quia Sapphō erat poēta bona.

Catullus: "placetne tibi nōmen sēcrētum Clōdiae, ō Cupīdō?"

statua Cupīdinis nihil respondet.

*****

"cūr es tū in domō meā, ō Clōdī?!" Pompēia inquit ānxia, iānuam **claudēns**.

claudens: *closing, shutting*

Pompēia est
fēmina Rōmāna,
quae in magnā
domō habitat.

Pompēia pulchra est, et
Clōdius eam amat.

est autem difficultās:
Pompēia **marītum** habet.

maritum: *husband*

Clōdius et Pompēia in
cubiculō sunt.

cubiculo: *bedroom*

Clōdius: "ego volēbam tē
vīsitāre, ō Pompēia! ego tē amō!"

Pompēia: "sed... sed
marītus meus..."

marītus
Pompēiae est
Iūlius Caesar!

Pompēia ānxia est, quia marītus Caesarem timet.

Clōdius: "Caesar domī nōn est! nōn sunt virī in domō! est **diēs fēstus**.

Bonam Deam: *the Good Goddess (worshipped exclusively by women)*

non licet: *are not allowed*

hodiē fēminae celebrant **Bonam Deam**. virīs **nōn licet** celebrāre hunc diem fēstum.

Clōdius et Pompēia possunt audīre multās vōcēs fēminīnās. domī Pompēiae sunt fēminae, nōn virī. fēminae nesciunt Clōdium esse domī, dum celebrent diem fēstum.

aliquis: *someone*

subitō **aliquis** iānuam cubiculī pulsat.

tuxtax! tuxtax!

aperi: *open!*

"Pompēia!" vōx clāmat, "sciō tē esse in cubiculō tuō!

audio vōcem tuam! **aperī** iānuam!"

aperi: *open!*

tuxtax! tuxtax!

Pompēia (parvā vōce): "est **socrus** mea, Aurēlia! fuge, ō Clōdī!"

socrus: *mother-in-law*

Clōdius: "Aurēlia? māter Caesaris?!"

Aurelia

Aurēlia clāmat: "aperī iānuam, ō Pompēia!"

tuxtax! tuxtax!

subitō Aurēlia iānuam aperit… et videt Clōdium et Pompēiam.

Clodio viso: *with Clodius having been seen, when she saw Clodius...*

Clōdiō vīsō, Aurēlia attonita est! clāmat magnā vōce: "Clōdī! Clōdī! vir est in domō! ō horrōrem! Pompēia est uxor falsa!"

*****

postridie: *the next day...*

postrīdiē Catullus gaudēns intrat hortum Clōdiae.

in manū ēius sunt multī flōrēs.

gaudet, quia hodiē Clōdiam vīsitat.

hortum intrāns, Catullus videt Clōdiam stantem prope statuam Cupīdinis.

Clōdia nōn gaudet vidēre Catullum. hodiē puella magnā vōce **flet**.

flet: *cries, is weeping*

Catullus ānxius currit ad fēminam flentem.

Clōdia flēns clāmat: "mortuus est! mortuus est!"

Catullus vult fēminam **cōnsōlāre**. fēmina flet, quia marītus Metellus mortuus est.

consolare: *to console, comfort*

Catullus: "Metellus erat vir bonus..."

Clōdia: "ego... ego nōn fleō, quia Metellus mortuus est."

in terrā Catullus videt **caveam**.

caveam: *cage*

in manū Clōdiae est avis parva et immōbilis!

Clōdia: "Orpheus meus mortuus est!"

CAPITULUM V

rūmōrēs

"Lūgēte, ō Venerēs Cupīdinēsque!"

"weep, o Venuses and Cupids!"

Catullus carmen novum **recitat** hodiē in parvā popīnā. magnā vōce recitat, et multī amīcī Catullī carmen audiunt.

recitat: *recites*

"**passer** mortuus est meae puellae!"

passer: *sparrow*

omnēs audientēs flent, quia carmen Catullī trīste est. carmine audītō, omnēs magnō clāmōre **plaudiunt**.

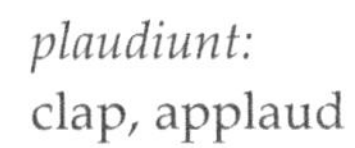

plaudiunt: clap, applaud

Rūfus, amīcus Catullī, quoque carmen audit et vīnum bibit.

"grātiās, omnēs!" Catullus inquit, prope Rūfum sedēns.

Rūfus: "carmina tua sunt pulchra et **bene recitāta**."

bene recitata: *well recited, performed*

Catullus "grātiās, amīce!" inquit et vīnum bibit.

Rūfus: "quis est Lesbia, fēmina in carminibus tuīs?"

Catullus rīdit. "Lesbia est puella **quam** ego amō, ō stulte!"

quam: *whom*

Rūfus: "ō Catulle, quid est nōmen **vērum** puellae?"

verum: *real, true*

Catullus nihil respondet, sed vīnum bibit.

Rūfus: "cūr tū nihil respondēs? quis est fēmina?"

Catullus: "quis est Cassia?"

Rūfus: "Cassia?"

Catullus: "fēmina in carminibus tuīs est Cassia, ō Rūfe! ego sciō "Cassiam" nōn esse nōmen vērum!"

Rūfus: "Cassia est… Cassia est… fēmina **quam** ego amō!"

quam: *whom*

Catullus rīdet. "ō Rūfe, tū habēs sēcrēta tua, et ego habeō mea!"

*****

scripsisse: *wrote*

mihi: *for me*

"Catulle!" Clōdia inquit, "ego sciō tē **scrīpsisse** carmen novum! recitā carmen novum **mihi**!"

Clōdia et Catullus et multī hominēs in hortō Clōdiae sunt.

ad audienda: to *hear*

omnēs in hortō sunt hodiē **ad audienda** carmina nova Catullī

Catullus surgēns carmen recitat:

"**vīvāmus, mea Lesbia, atque amēmus**!"

"let us live, my dear Lesbia, and let us love."

omnēs gaudent audīre carmen novum scrīptum ā Catullō. nunc Catullus est poēta **praeclārus** Rōmae.

praeclarus: *famous*

Catullus recitat:

"dā mī **bāsia mīlle**, deinde **centum**!"

basia mille: a thousand kisses

centum: *a hundred*

poētae et **mūsicī** Clōdiam vīsitant. omnēs sunt clientēs Clōdiae. Clōdia nunc est praeclāra **patrōna** et multōs clientēs habet.

musici: *musicians*

patrona: *a patron, supporter*

ūnus ex clientibus, poēta nōmine Egnātius, inquit: "ego rūmōrem audīvī hodiē. rūmōrem malum!"

Egnatius

omnēs cūriōsī volunt audīre rūmōrem.

Egnātius: "Caesar uxōrem Pompēiam **repudiāvit** hodiē!"

repudiavit: *divorced*

omnēs attonitī sunt.

nōn possunt **crēdere** Caesarem repudiāvisse uxōrem!

credere: *to believe*

Egnātius: "ego audīvī Pompēiam nōn amāre Caesarem. audīvī eam amāre… alium virum!"

omnēs cūriōsī clāmant: "**quem**? quem?"

quem: *whom*

Aurēlia, māter Caesaris, vīdit Pompēiam **bāsiantem**… Clōdium!"

basiantem: *kissing*

hōc audītō, omnēs magnā vōce rīdent. Clōdia, quae potest omnia audīre, nōn rīdet.

hoc audito: *having heard this, this having been heard*

Clōdia silēns sedet. Catullus potest vidēre Clōdiam esse īrātam.

*****

nox est. in viā est vir nōmine Balbus.

Balbus

Balbus ānxius est.

nox est.
Balbus timet **fūrēs**
esse in viā.

fures: *thieves*

in mediā viā ille videt trēs virōs magnōs et horribilēs. virī sunt... gladiātōrēs!

"ō vir, habēsne pecūniam?" ūnus ex tribus gladiātōribus inquit.

Balbus est timidus.

fūrēs!

vult clāmāre, sed est **tam timidus ut** nōn possit clāmāre. nōn potest facere parvum sonum!

tam timidus ut: *so scared that*

Balbus: "n-n-nōn h-h-habeō..."

"Milō pecūniam ēius vult." gladiātor inquit īrātā vōce.

Balbus timidus inquit: "n-n-n-nōn habeō p-p-p-pecūniam..."

gladiātor est īrātus.

"tū **male respondistī**, ō vir stulte."

male respondisti: *you have responded badly, "wrong answer"*

gladiātōrēs Balbum capiunt. Balbus magnō terrōre clāmat et clāmat.

CAPITIULUM VI

Pompēia

Clōdius domī sedet, **exspectāns** clientem nōmine Balbus.

exspectans: *waiting for, expecting*

Clōdius impatiēns et īrātus est.

ubi est Balbus?

subitō vir domum intrat. Clōdius surgit **crēdēns** virum esse Balbum. vir autem nōn est Balbus…

credens: *believing*

… est Egnatius, cliēns sorōris Clōdiae!

Clōdius: "tū nōn es Balbus? ubi est Balbus? ille vir stultus pecūniam meam habet!"

Egnatius: "Balbus est mortuus!"

Clōdius attonitus est. "*mortuus*?!"

Egnatius: "mediā nocte trēs gladiātōrēs eum cēpērunt et **interfēcērunt** in viā."

interfecerunt: *killed, murdered*

Clōdius īrātus est.

__cūius__ gladiātōrēs
__interficerent__ Balbum?

cuius: *whose?*

interficerent: *would kill*

gladiātōrēs Mīlōnis!

Milō est vir
dīves quī
multōs clientēs
habet.

Milō et Clōdius sunt **hostēs**, quia gladiātōrēs semper capiunt pecūniam ab clientibus Clōdiī.

hostes: *enemies*

gladiātōrēs Milōnis
quoque interficiunt
clientēs Clōdiī!

subitō fēmina domum Clōdiī intrat. Clōdius attonitus est!

est Pompēia!

Pompēia flēns clāmat:

"ō Clōdī! Clōdī! **adiuvā** mē!"

adiuva: *help!*

Clōdius nōn gaudet. nōn vult vidēre Pompēiam.

Clōdius: "quid tū vīs, ō Pompēia? cūr tū mē vīsitās hodiē?"

Pompēia: "Caesar mē **repudiāvit**, ō Clōdī! nōn sum uxor Caesaris!"

repudiavit: *divorced*

Clōdius: "**abī**, ō fēmina mala! abī!"

abi: *go away!*

Pompēia: "ō vir crūdēlis! amāsne mē?"

Clōdius: "ō fēmina rīdicula, ego tē nōn amō! quid tū vīs, ō Pompēia? vīsne pecūniam?"

in manū Clōdiī est **sacculus** pecūniae.

sacculus: *a small bag, a wallet*

Clōdius: "tū nōn vīs pecūniam meam? deinde abī!"

Pompēia: "Clōdī! Clōdī! **adiūvā** mē!"

adiuva: *help!*

Clōdius īrātus est. nōn vult vidēre Pompēiam. nōn vult Pompēiam esse in domō ēius.

Clōdius magnā vōce clāmat: "**iānitōrēs**! expellite fēminam ex domō meā!"

ianitores: *doorkeepers, "bouncers"*

duo iānitōrēs magnī et fortēs capiunt fēminam clāmantem et flentem. Pompēia nōn potest fugere ē manibus iānitōrum fortium.

iānitōrēs fēminam miserābilem in viam iaciunt.

in viā fēmina flet et clāmat.

Clōdius iacit pecūniam ad fēminam. pecūnia **magnō clāmōre** viam pulsat ad pedēs Pompēiae.

magno clamore: *with great noise, loudly*

Clōdius: "tū habēs pecūniam. nunc **abī**!"

abi: *go away*

Pompēia: "Clōdī! **praegnāns** sum!"

praegnans: *pregnant*

iānitōrēs iānuās claudunt.

tuxtax!

CAPITULUM VII

dōna

popina: *restaurant, eatery*

Catullus in **popīnā** est, scrībēns carmen novum. in mēnsā prope eum est sacculus.

Rūfus rapidē popīnam intrat, clāmāns: "Catulle!"

Catullus: "cūr tū gaudēs et clāmās, amīce?"

Rūfus prope Catullum sedet.

"Ō Catulle, gaudeō quia Cassia mē amat! ecce!"

in manū Rūfī est **armilla**.

armilla: *bracelet*

Catullus: "armilla est pulchra. estne **dōnum** puellae tuae?"

donum: *a gift, present*

Rūfus: "est dōnum puellae meae. putāsne Cassiae placēre armillam?"

Catullus: "putō armillam esse dōnum pulchrum. ecce dōnum meum!"

Catullus sacculum ēius **aperit**...

aperit: *opens*

fibula: *a clothing pin*

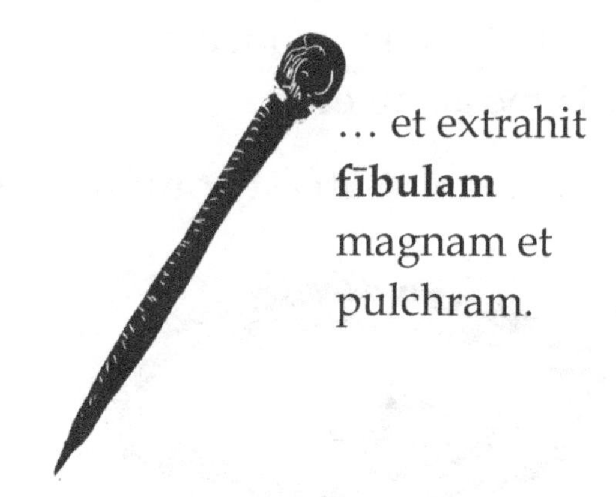

. . . et extrahit **fībulam** magnam et pulchram.

Rūfus: "fībula est pulchra! putō fībulam quoque esse dōnum bonum!"

*****

Catullus est in viā, quia vult vīsitāre Clōdiam. in manū habet saccum et carmen novum.

adiuva: *help!*

subitō Catullus audit virum clāmantem: "**adiuvā** mē! adiuvā mē!"

Catullus videt trēs gladiātōrēs magnōs, quī ūnum virum timidum **petunt**.

petunt: *attack*

in manū virī timidī est **baculum**, et vir baculō **sē dēfendit**. gladiātōrēs autem gladiōs magnōs habent.

baculum: *a stick*

se defendit: *defends himself*

Catullus **nōvit** gladiātōrēs. sunt gladiātōrēs Milōnis! gladiātōrēs Milōnis ubīque sunt in urbe, et petunt multōs hominēs.

novit: *knows, recognizes*

petunt: *attack*

ūnus ex gladiātōribus Catullum videt.

Catullus, quia gladiātōrēs timet, rapidē fugit.

gladiātōrēs virum timidum nōn petunt, sed nunc *Catullum* petunt!

Catullus timidus rapidē fugit.

*****

tuxtax!

Catullus pulsat iānuam Clōdiae ānxius et **dēfessus**.

defessus: *tired, weary*

"aperī iānuam!" Catullus clāmat, "gladiātōrēs Milōnis mē petunt!"

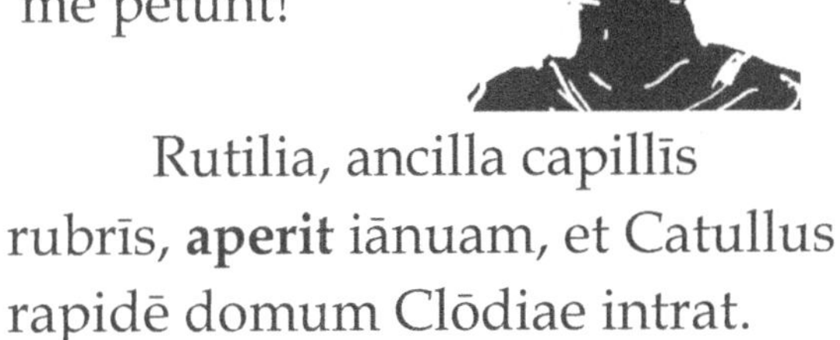

Rutilia, ancilla capillīs rubrīs, **aperit** iānuam, et Catullus rapidē domum Clōdiae intrat.

aperit: *opens*

RUTILIA

Catullus petit Clōdiam in hortō, sed eam nōn videt.

Catullus: "ō ancilla, ego vēnī ad vīsitandam Clōdiam."

Rutilia respondet: "domī nōn est. Clōdia **cēnat** apud senātōrem."

cenat: *dining, eating dinner*

Catullus īrātus est.

Catullus: "apud senātōrem! cūr Clōdia nōn dīxit mihi **sē cēnāre** apud senātōrem!"

se cenare: *that she is dining*

Rutilia: "vīsne sedēre in domō et dominam meam exspectāre?"

Catullus nōn vult Clōdiam exspectāre.

Catullus īrātus domō exit.

Catullus sedet in popīnā sōlus. trīstis est. **ante** eum in mēnsā sunt cibus et vinum.

ante: *before, in front of*

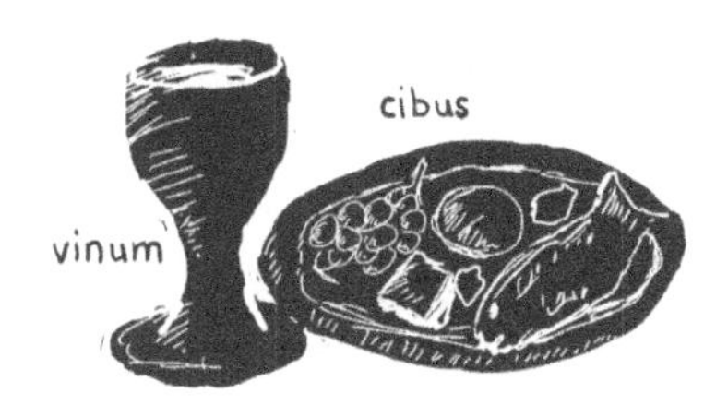

Catullus est **tam trīstis ut** nōn possit cēnāre. est tam trīstis ut nōn possit vīnum bibere. est tam trīstis ut nōn possit carmen scrībere.

tam tristis ut: *so sad that*

trīstis poēta ē popīnā exit.

nox est. Catullus est in viā.

in viā Catullus potest vidēre duās figūrās.

ēheu! gladiātōrēs Milōnis mē **petunt**!

petunt: *are attacking*

figūrae nōn sunt gladiātōrēs. sunt vir et fēmina **bāsiantēs**.

basiantes: *kissing*

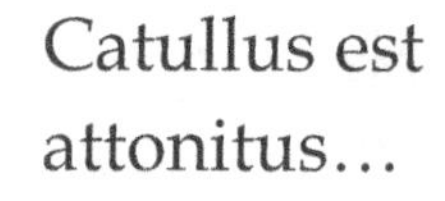

Catullus est attonitus…

… et īrātus!

vir est Rūfus, et fēmina est Clōdia!

CAPITULUM VIII

Catullus īrātus

hodiē Catullus est in hortō Clōdiae.

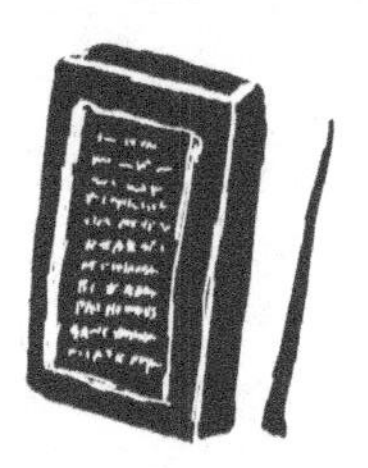

carmen novum scrīpsit et **voluit** carmen recitāre.

voluit: *wanted*

multī hominēs in hortō sunt ad carmen audiendum. Clōdia quoque in hortō est ad carmen audiendum.

omnēs sedent et spectant Catullum. Catullus ūnum carmen parvum recitat:

"Ōdī et amō. quārē id faciam, fortasse requīris.

nesciō, sed fierī sentiō et excrucior."

I hate and I love. Maybe you will ask how I do it. I don't know, but I feel it happening and am tormented.

Clōdia cōnfūsa est.

carmina Catullī sunt longa et pulchra. **hoc** carmen est parvum. hoc carmen nōn est carmen amōris.

hoc: *this*

cūr Catullus nōn scrīpsit carmen amōris?

Catullus alterum carmen recitat. hoc carmen est īrātum.

Poor Catullus, stop acting like an idiot.

"Miser Catulle, dēsine ineptīre."

omnēs quī carmen audiunt sunt attonitī.

cūr est Catullus īrātus?

obdurat: *is stubborn, has made up his mind*

Catullus: "valē, puella, iam Catullus **obdūrat**."

Clōdia nōn vult audīre carmina īrāta Catullī.

mihi: *at me*

Clōdia: "ō Catulle! cūr es tū īrātus? īrātus **mihi** es?"

Catullus: "īrātus tibi sum. ego tē vīdī."

Clōdia: "tū mē vīdistī? ubi?"

Catullus: "in viā, ō fēmina falsa. cum Rūfō. tū et Rūfus **bāsiābātis**.

basiabatis: *were kissing*

Clōdia: "Catulle—"

Catullus est **tam īrātus ut** nōn possit audīre Clōdiam. īrātus capit statuam Cupīdinis, quī est in mediō hortō Clōdiae.

tam iratus ut: *so angry that*

Catullus statuam ad terram iacit.

est magnus **clāmor**!

clamor: *noise*

statua in terrā est in multīs fragmentīs.

*****

Milō sedet in tablīnō ēius scrībēns.

Milō, vir arrogāns et obēsus, est dux magnī **sodāliciī**.

in sodāliciō ēius sunt multī virī fortēs et gladiātōrēs.

sodalicii: *a gang*

in mēnsā ante Milōnem est pecunia.

Milō est vir dives, quia pecūniam **faenerātur**. hodiē multī clientēs in domō Milōnis sunt, quī pecūniam volunt.

faeneratur: *loans, lends*

circum Milōnem sunt multī gladiātōrēs fortēs, quī habent magnōs gladiōs.

circum: *around*

subitō fēmina domum Milōnis intrat. gladiātōrēs īrātī clāmant, sed fēmina gladiātōrēs nōn timet.

Milō, fēminam fortem vidēns, attonitus est.

est Pompēia!

"salvē, Pompēia!" Milō gaudēns inquit.

"salvē, Milō." inquit Pompēia.

Milō: "vīsne tū pecūniam?"

"habeō pecūniam." Pompēia respondet. in manū fēminae est magnus sacculus **plēnus** pecūniae.

plenus: *full (of)*

fēmina sacculum pōnit in mēnsā ante Milōnem.

"quid tū petis, ō fēmina?" Milō inquit, īnspectāns sacculum.

Pompēia: "ego petō... **beneficium**."

beneficium: *a favor*

Milō: "tū habēs magnam pecūniam! estne beneficium magnum?"

Pompēia: "magnum est."

Milō: "quid est beneficium **quod** tū petis, ō Pompēia?"

quod: *which*

Pompēia: "ego volō tē interficere Clōdium."

CAPITULUM IX

caper

Rūfus popīnam intrat. omnēs, Rūfum videntēs, rīdent.

Rūfus est cōnfūsus.

obesum: *fat*

Rūfus sedet prope virum **obēsum**, quī vīnum bibit. vir obsēsus, Rūfum vidēns, rīdet et inquit:

caper: *a goat*

"ubi est **caper** hodiē, ō Rūfe?"

Rūfus: "caper? ego caprum nōn habeō."

multī hominēs parvā vōce rīdent.

vir obēsus: "quid est odor malus in popīnā hodiē?"

Rūfus: "odor? estne odor?"

iterum omnēs audientēs rīdent.

vir obēsus: "odor est malus et horribilis! caper tuus est **trux**!"

trux: *wild, savage, fierce*

Rūfus: "caper? nōn habeō caprum!"

vir obēsus: "tū habēs! caper tuus habitat **sub valle ālārum**!

sub valle alarum: *under the valley of your arms, i.e. "your armpits"*

"

nunc omnēs magnā vōce rīdent. Rūfus īrāscitur.

vir obēsus: "est carmen novum. in carmine scrīptum est:

Under the valley of your arms (i.e. armpits) lives a wild goat.

"valle sub alārum trux habitāre caper."

Rūfus inquit: "quis scrīpsit hoc carmen?"

vir obēsus respondet: "amīcus tuus, Catullus, scrīpsit carmen."

Rūfus īrātus est.

"Catullus nōn est amīcus meus."

*****

hodiē Clōdius nōn est Rōmae, sed in **Viā Appiā**.

Via Appia: *the Appian Way*

Clōdius in **raedā** est.

raeda: *carriage*

nōn sōlus est. post raedam sunt multī amīcī et clientēs. via est longa, et Clōdius dormit.

clamor: *noise, shout*

subitō magnus **clāmor** auditur. audiuntur hominēs clāmantēs.

gladiī audiuntur.

pugna: *a fight*

est magna **pugna**!

ut investiget: in order to investigate

ānxius Clōdius ē raedā dēscendit **ut investīget** clāmōrēs.

clientēs Clōdiī pugnant contrā gladiātōrēs Milōnis!

ubīque sunt gladiātōrēs Milōnis.

gladiātōrēs et clientēs magnō clāmōre pugnant!

Clōdius perterritus vult fugere ab pugnā.

subitō ūnus ex gladiātōribus Milōnis **hastam** iacit ad Clōdium.

hastam: *a spear*

figitur: *is piereced (by)*

vulnus: *wound*

Clōdius hastā **fīgitur**. **vulnus** Clōdiī magnum est.

magnō terrōre clāmāns, Clōdius fugit.

quia vulnus magnum est, difficile est Clōdiō fugere.

gladiātōrēs Milōnis vident Clōdium fugientem.

"Clōdius fugit!" gladiātorēs clāmant. gladiātōrēs **petunt** Clōdium fugientem.

petunt: *seek after, chase*

CAPITULUM X

Rufus īrātus

apud Clōdiam est magna cēna.

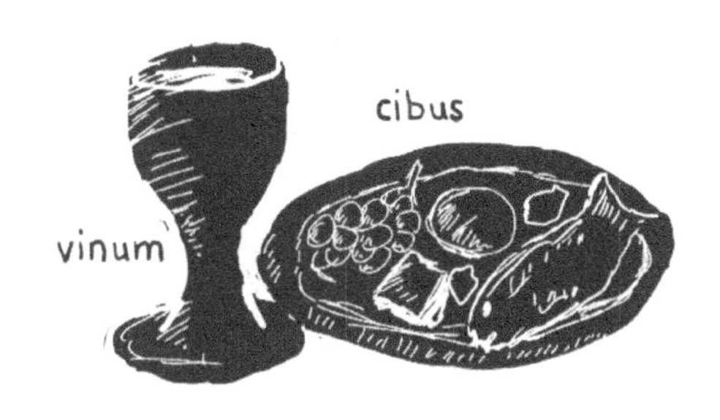

multī clientēs et multī **dīvitēs** ad cēnam invītātī sunt.

divites: *wealthy people*

omnēs sedent ad mēnsās et cibum comedunt et vīnum bibunt.

Clōdia sedet et omnēs spectant.

ūnus vir sedet in parvā mēnsā prope Clōdiam. vir est poēta et carmina pulchra recitat. Clōdia, carmen audiēns, vult scīre quis poēta sit.

"Alēthīa! venī!"

Alēthīa est ancilla, puella parva **octo annōs nāta**. Alēthīa dominam Clōdiam timet.

octo annos nata: *eight years old*

Clōdia: "ō Alēthīa, quis est poēta?"

Alēthīa: "ō domina, poēta est Cinna."

ALETHIA

Clōdia: "Cinna…"

subitō trēs virī intrant ānxiī. sunt **servī** Clōdiī.

servi: *enslaved people, slaves*

servī: "ō Clōdia! ō horrōrem! horrōrem!"

Clōdia, servōs audiēns, ānxia surgit.

"quid **accīdit**, ō servī?"

accidit: *happened?*

servī **tam** ānxiī sunt ut nōn possint respondēre. Clōdia, respōnsum expectāns, **īrāscitur servīs**.

tam: *so*

irascitur servis: *becomes angry at the slaves*

"quid accīdit?!"

servī parvā vōce respondent: "frāter tuus Clōdius est mortuus."

*****

Rūfus īrātus est.

Rūfus Catullum petit, et multās popīnās investīgat.

pugio: *a dagger*

in manū Rūfī est **pūgiō**.

obscura: *dark*

subitō in viā **obscūrā** Rūfus Catullum videt, et clāmat: "Catulle!"

Catullus, Rūfum vidēns, respondet: "salvē, ō Rūfe."

Catullus pūgiōnem in manū Rūfī nōn videt.

Rūfus: "ego audīvī carmen novum tuum, ō poēta."

Catullus est ānxius. **vōx** Rūfī est īrāta.

vox: *the voice*

Catullus: "carmen meum tibi placet, ō amīce?"

Rūfus nihil respondet, sed pūgiōnem **tollit**. nunc Catullus pūgiōnem Rūfī videt. timidus est!

tollit: *raises, lifts up*

ēheu! Rūfus vult mē interficere!

Catullus pūgiōnem nōn habet, sed habet fībulam, dōnum Clōdiae.

Rūfus est **tam** īrātus ut nōn videat fībulam in manū Catullī. Catullus et Rūfus pugnant in viā.

tam: *so*

fibula petit: *attacks with the pin*

Catullus Rūfum **fībulā petit**, sed Rūfus, sē dēfendēns, Catullum **repellit**.

labitur: *slips, falls*

Catullus in viā **lābitur**. in viā poēta est immōbilis.

Rūfus Catullum immōbilem īnspectat. fibula est in stomachō Catullī.

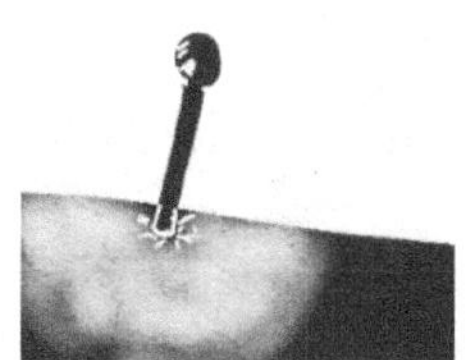

vulnus: *wound*

sanguis: *blood*

vulnus est malum. **sanguis** ubīque est! Rūfus, vidēns vulnus Catullī et sanguinem, fugit.

CAPITULUM XI

Alēthīa

Clōdia Rōmae nōn est, sed nunc habitat in villā ēius **longē ab** urbe Rōmā.

longe ab: *far from*

sōla habitat. clientēs eam nōn vīsitant. amīcī **apud Clōdiam** nōn cēnant. poētae nōn scrībunt et recitant carmina.

apud Clodiam: *at Clodia's house*

sōla Clōdia sedet in hortō ēius, comedēns cibum.

Alēthīa hortum intrat. Alēthīa nunc nōn est parva puella.

nunc Alēthīa
est fēmina.

Clōdia comedēns nōn videt Alēthīam.

tussit: *coughs*

Clōdia **tussit**.

aegrotasne: *are you sick?*

Alēthīa: "**aegrōtāsne**, ō mea domina?"

Clōdia attonita est. nōn audīvit Alēthīam intrantem hortum.

Clōdia: "minimē, ō Alēthīa, ego... ego..."

iterum Clōdia tussit. nunc magnō clāmōre tussit. iterum et iterum Clōdia tussit. Alēthīa spectat Clōdiam tussientem.

iterum: *again*

oculī Clōdiae sunt magnī. Clōdia clāmat: "adiuvā mē! ego... nōn possum... **spīrāre**..."

spirare: *to breathe*

Clōdia tussit et tussit.

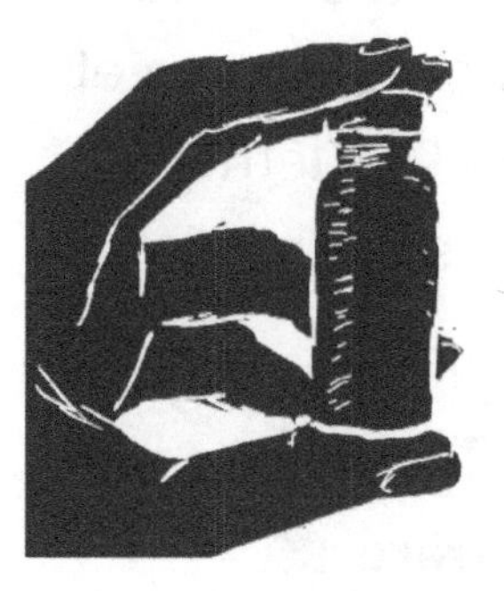

in manū Alēthīae est parvam **lagoēnam**.

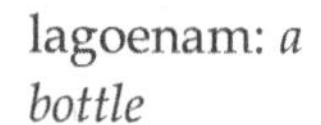

lagoenam: *a bottle*

lagoēnam vidēns, Clōdia attonita est.

Clōdia tussiēns inquit: "**venēnum**..."

venenum: *poison*

Alēthīa: "**posuī** venēnum in cibō tuō."

posui: *I put...*

Clōdia magnō terrōre clāmat: "*cūr?!*"

Alēthīa: "māter **dēdit** mihi lagoēnam tuam. māter mea quoque mihi nārrāvit omnia sēcrēta tua, ō domina."

dedit: *gave*

Clōdia: "sēcrēta…mea…? nōn… habeō…"

Alēthīa: "tū posuistī venēnum in cibō Metellī. *tū* Metellum interfēcistī. māter mea **invēnit** hanc lagoēnam in hortō tuō."

invenit: *found*

Clōdia nihil respondet, sed tussiēns in terrā **lābitur**.

labitur: *slips*

Alēthīa: "ōlim erat avis parva nōmine Orpheus, quī habitābat in hortō tuō.

māter mea erat īrāta, et posuit venēnum in cibō avis!"

Clōdia (tussiēns): "quis...?"

Alēthīa: "quis est māter mea? māter mea erat ancilla tua. erat fēmina **capillīs rubrīs** nōmine Rutilia!"

capillis rubris: *with red hair*

Clōdia īrāta vult clāmāre, sed nōn potest sonum facere.

Alēthīa: "**scisne** quis sit pater meus? *scisne*?"

scisne: *do you know...*

Clōdia nōn potest respondēre.

Alēthīa: "ō domina stulta, pater meus erat Metellus!"

INDEX VOCABULORUM

A

ā: *from, by*
ab: *from, by*
abī: *go away!*
accēdēns: *approaching*
accidit: *happened*
ad: *to, towards*
adiuvā: *help*
aegrōtāsne: *are you sick, ill?*
ālārum: of (your) arms
aliquis: *someone*
alium: *other, another*
alterum: *other, the other*
amāre: *to love*
amāsne: *do you love?*
amat: *loves*
amāvī: *I loved*
amāvit: *loved*
amēmus: *let us love*
amīce: *friend*
amīcī: *friends*
amīcō: *friend*
amīcum: *friend*
amīcus: *friend*
amō: *I love*
amōrem: *love*
amōris: *of love*
ancilla: *enslaved woman, serving woman*
annōs: *years*
ante: *in front of, before*
antīqua: *ancient*
ānxia: *anxious*
ānxiī: *anxious*
ānxius: *anxious*
aperī: *open!*
aperit: *opens*
apud: *at, at the house of...*
armilla: *bracelet*
armillam: *bracelet*
arrogāns: arrogant
atque: and also
ātriō: *atrium*
ātrium: *atrium*
attonita: *surprised, astonished*
attonitī: *surprised, astonished*
attonitus: *surprised, astonished*
audī: *hear, listen*
audiēns: *listening, hearing*
audientēs: *listening, hearing*
audīre: *to hear, to listen*
audīrent: *they heard, listened*
audīsne: *do you hear?*
audit: *hears*
audītō: *having been heard*
auditor: *is heard*
audiunt: *they hear, listen*
audiuntur: *are heard*
audīvī: *I loved*

autem: *however*
ave: *a bird*
avem: *a bird*
avis: *a bird*

B
baculō: *stick*
baculum: *stick*
bāsia: *kisses*
bāsiābātis: *you were kissing, kissed*
bāsiantem: *kissing*
bāsiantēs: *kissing*
bene: *well*
bibentem: *drinking*
bibentēs: *drinking*
bibere: *to drink*
bibit: *drinks*
bibunt: *they drink*
bona: *good*
bonī: *good*
bonum: *good*
bonus: *good*

C
caper: *a goat*
capere: *to capture, grab*
capillī: *hair*
capillīs: *hair*
capit: *captures, grabs*
capiunt: *capture, grab*
caprum: *goat*
carmen: *poem, song*
carmina: *poems, songs*
carmine: *poem, song*
carminibus: *poems, songs*
cautē: *carefully*
cautus: *careful*
cavea: *cage*
caveā: *cage*
caveae: *of the cage*
caveam: *cage*
celebrant: *(they) celebrate*
celebrāre: *to celebrate*
cēna: *meal, dinner*
cēnā: *meal, dinner*
cēnābimus: *we will dine*
cēnābis: *you will dine*
cēnābit: *will dine*
cēnābitis: *(you all) will learn*
cēnam: *meal, dinner*
cēnant: *dine; eat dinner*
cēnāre: *to dine; to eat dinner*
cēnat: *dines; eats dinner*
centum: *a hundred*
cēpisse: *took, captured*
cēpit: *took, captured*
cibō: *food*
cibum: *food*
cibus: *food*
circum: *around*
circumsilit: *hops around*
clam: secretly, stealthily
clāmāns: *shouting*
clāmant: *shout*
clāmantem: *shouting*

clāmantēs: *shouting*
clāmāre: *to shout*
clāmās: *(you) shout*
clāmat: *shouts*
clāmor: *noise, clamor*
clāmōre: *noise, clamor*
clāmōrem: *noise, clamor*
clāmōrēs: *noises, clamor*
claudēns: *shutting, closing*
claudunt: *shut, close*
cliēns: *a client, dependent*
clientem: *client, dependent*
clientēs: *clients, dependents*
clientibus: *clients, dependents*
clientium: *of the clients, of the dependents*
comedēns: *eating*
comedentēs: *eating*
comedunt: *eat*
cōnfūsa: *confused*
cōnfūsus: *confused*
cōnsōlāre: *to console; to comfort*
contrā: *agains*
corpus: *body*
cras: *tomorrow*
crēdēns: *believing*
crēdere: *to believe*
crūdēlem: *cruel, mean*
cubiculī: *bedroom*
cubiculō: *bedroom*
cūius: *whose*
cum: *with, when*
cūr: *why*
cūriōsa: *curious*
cūriōsī: *curious*
currit: *runs*

D

dā: *give*
dabō: *I will give*
deae: *of the goddess; goddesses*
Deam: Goddess
dēdit: *gave*
dēfendēns: *defending*
dēfendit: *defends*
dēfessus: *tired, weary*
deinde: *then, next*
dēlet: *deletes, erases*
demīsit: *dropped*
dērīdent: *make fun of, mock*
dēscendit: *goes down, descends*
dēsine: *stop! cease!*
deus: a god
diē: *day*
diem: *day*
diēs: *day; days*
difficile: *difficult*
difficultās: *a difficulty; problem*
dīves: *rich, wealthy*

dīvitēs: *rich, wealthy*
dīxit: *said*
domī: *at home*
domina: *mistress*
dominam: *mistress*
domō: *the house*
domum: *home, house*
domus: *house*
domūs: *of the house, houses*
dōnum: *gift, present*
dormit: *sleeps*
duās: *two*
dum: *while*
duo: *two*
dux: *leader*

E

ē: *out of, from*
ea: *she*
eam: *her*
ecce: *look! behold!*
ego: *I*
ēheu: *oh no! alas!*
ēius: *his*
erant: *were*
erat: *was*
ergo: *therefore*
erit: *will be*
es: *you are*
esne: *are you...?*
esse: *is, to be*
est: *is*
estne: *is...?*
et: *and*
eum: *him*
ex: *out of, from*
excrucior: *I am tormented*
exit: *goes out*
expectāns: *waiting, expecting*
expellite: *expel*
exspectābat: *was waiting*
exspectāns: *waiting*
exspectāre: *to wait*
exspectat: *waits*
extrahit: *pulls out, extracts*

F

facere: *to do, to make*
faciam: *I will make*
facit: *makes*
faenerātur: *lends, loans*
falsa: *false, untrue*
familia: *family*
familiam: *family*
fēmina: *woman*
fēminā: *woman*
fēminae: *of the woman*
fēminam: *woman*
fēminīnā: *feminine, womanly*
fēminīnae: *feminine, womanly*
fēminīnās: *feminine, womanly*
fēstum: *holiday*

fēstus: *holiday*
fierī: *to happen, happening*
figūrae: *figures*
figūrās: *figures*
fīgitur: *is pierced by*
flēbat: *was weeping, crying*
flēns: *weeping, crying*
flent: *weep, cry*
flentem: *weeping, crying*
fleō: *I weep, cry*
flet: *weep, cry*
flōrēs: *flowers*
fortasse: *perhaps, maybe*
fortem: *strong, brave*
fortēs: *strong, brave*
fortis: *strong, brave*
fortium: *of the strong, brave*
fragmentīs: *fragments*
frāter: *brother*
frātrem: *brother*
fuge: *flee, run away*
fugere: *to flee, to run away*
fugientem: *fleeing, running away*
fugit: *flees, runs away*
funus: *a funeral*
fūrēs: *thieves*

G

gaudēns: *rejoicing, happy*
gaudeō: *I am happy, I rejoice*
gaudēs: *you are happy, rejoice*
gaudet: *is happy, rejoices*
gerit: *wears, is wearing*
Germānica: *German*
gladiātor: *gladiator*
gladiātōrēs: *gladiatores*
gladiātōribus: *gladiatores*
gladiōs: *swords*
grātiās: *thanks*

H

habent: *have*
habeō: *I have*
habēs: *you have*
habēsne: *do you ahve*
habet: *has*
habitābat: *lived*
habitare: *to live*
habitat: *lives*
hāc: *this*
hanc: *this*
hastā: *spear*
hastam: *spear*
hoc: *this*
hodiē: *today*
hominēs: *people*
horribilēs: *horrible*
horribilis: *horrible*
horrifica: *scary*
horrōrem: *horror*
hortō: *garden*

hortum: *garden*
hostēs: *enemies*
huic: *this, to this...*

I

iacit: *throws*
iam: *now*
iānitōrēs: *doorkeepers, bouncers*
iānitōrum: *of the doorkeepers, bouncers*
iānuam: *door*
iānuās: *doors*
id: *it*
ille: *he, that one*
immōbilem: *immobile, unmoving*
immōbilis: *immobile, unmoving*
in: *in, into*
induere: *to put on*
induit: *put on*
ineptīre: *to be foolish, be an idiot*
inquit: *says*
īnspectāns: *inspecting*
īnspectat: *inspects*
īnsulā: *island*
īnsulae: *islands, of the island*
interfēcit: *killed*
interficere: *to kill*
interficiat: *kills*
interficit: *kills*
intrāns: *entering*
intrant: *enter*
intrantem: *entering*
intrat: *enters*
invenit: *finds*
investīgat: *investigates*
investīget: *investigates*
invītātī: *invited*
invītātus: *invited*
invītāvit: *invited*
īrāscitur: *is angry, becomes angry*
īrāta: *angry*
īrātam: *angry*
īrātī: *angry*
īrātum: *angry*
īrātus: *angry*
it: *goes*
iterum: *again*

L

lābitur: *slips, falls down*
laetus: *happy*
lagoēnam: *bottle*
licet: *it is allowed (for someone to do something)*
liliae: *lillies*
longa: *long*
longē: *a long way from, far*
longī: *long*
longīs: *long*
lūdit: *plays*

Lūgēte: *weep! mourn!*

M
magna: *large, big*
magnā: *large, big*
magnam: *large, big*
magnī: *large, big*
magnō: *large big*
magnōs: *large, big*
magnum: *large, big*
magnus: *large, big*
mala: *bad, wicked*
male: *badly*
malum: *bad, wicked*
malus: *bad, wicked*
manibus: *hands*
manu: *hand*
manū: *hand*
marītī: *husband*
marītum: *husband*
marītus: *husband*
masculīna: *masculine, manly*
māter: *mother*
mē: *me*
mea: *my*
meā: *my*
meae: *my*
meam: *my*
media: *middle*
mediā: *middle*
mediō: *middle*
meīs: *my*
mēnsa: *table*
mēnsā: *table*
mēnsam: *table*
mēnsās: *tables*
meum: *my*
meus: *my*
mī: *my*
mihi: *to me, for me*
mīlle: *a thousand*
minimē: *no, not in the least*
miser: *poor, miserable*
miserābilem: *miserable*
mortuus: *dead*
multa: *many*
multae: *many*
multās: *many*
multī: *many*
multīs: *many*
multōs: *many*
mūsicī: *musicians*

N
nārrāvit: *told, narrated*
nāta: *"old"*
neque: *neither, nor*
nesciō: *I don't know*
nescit: *doesn't know*
nesciunt: *don't know*
nihil: *nothing*
nōbilis: *noble*
nocte: night
nōlī: *don't!*
nolō: *I don't want*
nōmen: *name*

nōmine: *named*
nōn: *not*
nōnne: *don't...*
nostrum: *our*
nova: *new*
novum: *new*
nox: *night*
nunc: *now*

O

ō: *oh!*
obdūrat: *is firm, is stubborn*
obēsum: *fat, obese*
obēsus: *fat, obese*
obscūrā: *dark*
octo: *eight*
oculī: *eyes*
ōdī: *I hate*
odor: *odor*
ōlim: *once*
omnēs: *all, everyone*
omnia: *everything*

P

parva: *small*
parvā: *small, quiet*
parvam: *small*
parvō: *small*
parvum: *small*
passer: *sparrow*
pater: *father*
patrōna: *patron, supporter*
pauper: *poor*
pauperem: *poor*
pecūnia: *money*
pecūniae: *of money*
pecūniam: *money*
perterritus: *frightened, scared, terrified*
petēns: *seeking, looking for*
petis: *you look for*
petit: *looks for; attacks*
petīvērunt: *looked for; attacked*
petō: *I am looking for*
petunt: *look for; attack*
pictōrēs: *painters*
pīpiantem: *chirping*
pīpiat: *chirps*
pīpiō: *chirp! (I am chirping)*
placēre: *to be pleasing (to someone)*
placet: *is pleasing (to somone)*
placetne: *is... pleasing (to someone)*
plaudiunt: *applaud, clap*
plēnus: *full (of)*
poēta: *poet*
poētae: *of a poet, poets*
pōnit: *puts, places*
popīnā: *restaurant, eatery*
popīnam: *restaurant, eatery*

popīnās: *restaurants, eateries*
posset: *able, can*
possit: *able, can*
possum: *I am able, can*
possunt: *are able, can*
post: *after*
posuī: *I put, placed*
posuit: *put, placed*
potest: *is able, can*
praeclārus: *famous*
praegnāns: *pregnant*
prope: *next to, near*
proximō: *the next...*
puella: *girl*
puellae: *girls, of the girl*
pūgiō: *a dagger*
pūgiōne: *a dagger, with a dagger*
pūgiōnem: *a dagger*
pugna: *a fight*
pugnā: *a fight*
pugnant: *fight*
pulchra: *beautiful*
pulchrae: *beautiful*
pulchrī: *beautiful*
pulchrīs: *beautiful*
pulchrum: *beautiful*
pulsat: *hits*
purpureae: *purple*
purpureōs: *purple*
putāsne: *do you think*
putat: *thinks*
putō: *I think*

Q
quā: *which*
quae: *who, which*
quam: *which, who*
quārē: *for what reason, why*
quī: *who*
quia: *because*
quid: *what*
quis: *who?*
quoque: *also*

R
raeda: *a carriage*
raedā: *a carriage*
raedam: *a carriage*
rapidē: *quickly*
recitā: *recite!*
recitāns: *reciting*
recitant: *recite*
recitat: *recites*
recitāta: *recited*
repellit: *repells, pushes away*
repudiavit: *divorced*
repudiavisse: *divorced, has divorced*
requīris: *you ask*
respondeant: *respond*
respondent: *respond*
respondēs: *you respond*
respondet: *responds*
respondistī: *you have*

responded
respōnsum: *response, answer*
rīdēns: *laughing*
rīdent: *laugh*
rīdet: *laughs*
rīdicula: *ridiculous*
rīdit: *laughed*
Rōmāna: *Roman*
rosae: *roses*
rubram: *red*
rubrī: *red*
rubrīs: *red*
rūmōrem: *rumor*

S
saccō: *bag*
sacculum: *small bag, wallet*
sācculum: *small bag, wallet*
sacculus: *small bag, wallet*
saccum: *bag*
saccus: *bag*
salvē: *hello*
salvēte: *hello*
sanguinem: *blood*
sanguis: *blood*
sciō: *I know*
scīre: *to know*
scit: *knows*
scrībēns: *writing*
scrībere: *to write*
scrībis: *you write*
scrībit: *writes*
scrībunt: *they write*
scripisse: *wrote*
scrīpsistī: *you have written*
scrīpsit: *wrote*
scrīptum: *written*
sē: *himself*
sēcrēta: *secret*
sēcrēta: *secrets*
sēcrētum: *secret*
sed: *but*
sedēns: *sitting*
sedent: *sit*
sedentem: *sitting*
sedēre: *to sit*
sedet: *sits*
semper: *always*
senātōrem: *senator*
sentiō: *I feel*
servī: *enslaved people*
servīs: *enslaved people*
servōs: *enslaved people*
servus: *an enslaved person*
silēns: *silents*
similem: *similar to, like*
sit: *is, may be*
socrus: *mother-in-law*
sodālicii: *of a gang*
sodāliciō: *a gang*
sōla: *alone, only*
sōlam: *alone, only*
sōlus: *alone, only*
sonum: *sound, noise*

soror: *sister*
sorōrem: *sister*
sorōris: *of his sister, his sister's*
speciem: *appearance, reflection*
spectāns: *looking at, watching*
spectant: *look at, watch*
spectat: *looks at, watches*
speculō: *mirror*
speculum: *mirror*
spīrāre: *to breathe*
splendida: *splendid*
splendidam: *splendid*
stantem: *standing*
stat: *stands*
statua: *statue*
statuae: *statues, of the statue*
statuam: *statue*
stomachō: *stomach*
stulta: *foolish*
stultam: *foolish*
stulte: *foolish*
stultus: *foolish*
stylō: *stylus*
stylus: *stylus*
sub: *under*
subitō: *suddenly*
sum: *I am*
sunt: *are*
surgēns: *standing up*
surgit: *stands up, rises*
suum: *his own, her own*

T
tam: *so*
tē: *you*
terrā: *earth, ground*
terram: *earth ground*
terrōre: *terror*
tibi: *to you, for you*
timent: *fear, are afraid of*
timeō: *I fear, am afraid of*
timēre: *to fear, to be afraid of*
timērem: *I was fearing, afraid of*
timēs: *you fear, are afraid of*
timet: *fears, is afraid of*
timidī: *timid, fearful*
timidum: *timid, fearful*
timidus: *timid, fearful*
tollit: *raises, lifts up*
trēs: *three*
tribus: *three*
trīste: *sad*
trīstis: *sad*
trux: *fierce, savage*
tū: *you*
tua: *your*
tuae: *your*
tuam: *your*
tuīs: *your*
tuō: *your*
tussiēns: *coughing*

tussientem: *coughing*
tussit: *coughs*
tuum: *your*
tuus: *your*

U
ubi: *where*
ubīque: *everywhere*
umerō: *shoulder*
umerus: *shoulder*
ūnum: *one*
ūnus: *one*
urbe: *city*
ut: *so that, in order to*
uxor: *wife*
uxōrem: *wife*

V
valē: *goodbye, farewell!*
valle: *valley*
venēnum: *poison*
venī: *come!*
venit: *comes*
vērum: *true*
vestēs: *clothes*
via: *road*
viā: *road*
viam: *road*
videat: *sees*
vidēns: *seeing*
videntēs: *seeing*
videō: *I see*
vidēre: *to see*
vidērī: *to be seen*
vidēsne: *do you see?*
videt: *sees*
vīdī: *I saw*
vīdistī: *have you seen?*
vīdit: *saw*
villā: *a country house*
vīnum: *wine*
vir: *man*
virī: *men*
virīs: *men*
virōs: *men*
virum: *man*
vīs: *you want*
vīsitant: *visit*
vīsitāre: *to visit*
vīsitārem: *I was visiting*
vīsitās: *you visit*
vīsitat: *visits*
vīsne: *do you want?*
vīvāmus: *let us live*
vocāre: *to call*
vōce: *voice*
vōcem: *voice*
vōcēs: *voices*
volēbam: *I wanted*
volēbat: *wanted*
volō: *I want*
volunt: *want*
vōx: *voice*
vulnerātus: *wounded*
vulnus: *wound*
vult: *wants*

COMPREHENSIBLE CLASSICS
LEVEL A NOVELLAS

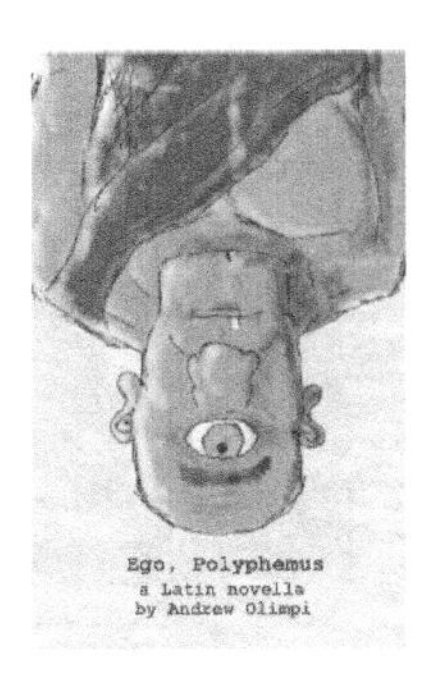

EGO, POLYPHEMUS
Level: Beginner

Polyphemus the Cyclops' life is pretty simple: he looks after his sheep, hangs out in his cave, writes (horrible) poetry, eats his cheese . . . until one day a ship arrives on his peaceful island, bringing with it invaders and turning his peaceful world upside down.

Based on the works of the Vergil and Ovid, this novella is suitable for all beginning readers of Latin.

LARS ROMAM ODIT

Lars is the king of Clusium, a city in ancient Italy, and it is good to be the king. He has fame, wealth, and power—everything he could ever want. He even has a best friend, Titus, the royal scribe.

But all good things must come to an end.

One day a king named Tarquinius arrives Clusium, asking Lars for help. Rome, a town close to Clusium, has kicked out Tarquinius and set up its own government. Lars vows to help his friend regain the throne, confident in the strength of his army and the loyalty of his people. But, as it turns out, capturing Rome may be more difficult than Lars ever imagined.

MERCURIUS
INFANS HORRIBILIS

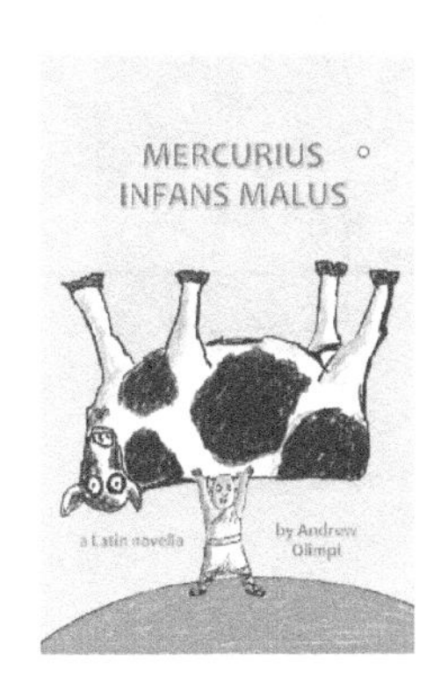

Baby Mercury is not like an ordinary human baby; he can speak, he is incredibly strong, and he can even fly!

However, things aren't always easy for the divine infant. Whenever he tries to help someone, things tend to go terribly wrong! And one day when little Mercury steals some cattle, the god Apollo is forced to track down the thief and try to set right all the chaos the mischievous infant has caused!

COMPREHENSIBLE CLASSICS

LEVEL B NOVELLAS

FAMILIA MALA TRILOGY:

VOL. 1: SATURNUS ET IUPPITER
VOL. 2: DUO FRATRES
VOL. 3: PANDORA

They're the original dysfunctional family! Rivalry! Jealousy! Poison! Betrayal! Gods! Titans! Cyclopes! Monsters! Magical Goats!

Read all about the trials and tribulations of Greek mythology's original royal family! Suitable for all novice Latin readers.

LABYRINTHUS

Princess Ariadna's family is . . . well . . . complicated. Her father Minos, king of Crete, ignores her. Her mother is insane. Her half-brother is a literal monster—the Minotaur who lives deep within the twisting paths of the Labyrinth. When a handsome stranger arrives on the island, Ariadna is faced with the ultimate choice: should she stay on the island of Crete, or should she abandon her family and her old life for a chance at escape . . . and love?

COMPREHENSIBLE CLASSICS

LEVEL C NOVELLAS

IO PUELLA FORTIS

VOL. 1: IO ET TABELLAE MAGICAE
VOL. 2: IO ET MONSTRUM HORRIFICUM

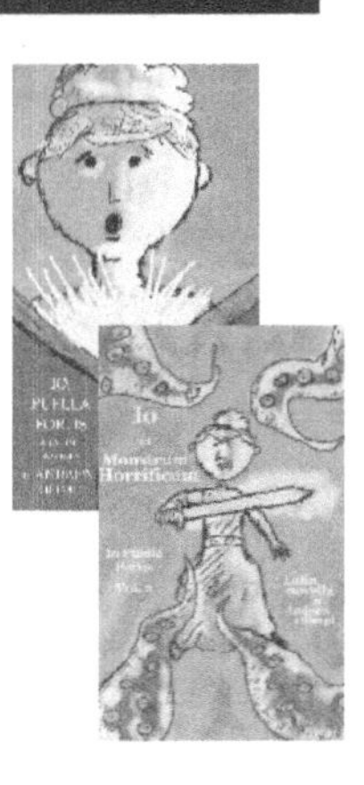

Io is tired of her life in a small town in ancient Greece. She is growing up fast but is frustrated that her mother still treats her like a child.

One day, Io finds a wax tablet and stylus in a mysterious clearing in woods. Io is surprised to discover that one the tablet is written a single sentence: "Hello, Io."

Who left the message? How do they know Io's name? Io immediately decides to solve this mystery, a decision that entangles her, her sister Eugenia, and her friend Chloe in a thrilling and dangerous adventure.

VIA PERICULOSA

Level: Beginner/Intermediate

Niceros is a Greek slave on the run in ancient Italy, avoiding capture and seeking his one true love, Melissa. However, a chance encounter at an inn sets in motion a harrowing chain of events that lead to murder, mayhem, mystery, and a bit of magic. *Via Periculosa* is loosely adapted from the Roman author Petronius.

IDUS MARTIAE

"Beware the Ides of March!"

It's 44 BC, and strange things are happening in Rome. A sacrificed bull is found to have no heart. Senators are meeting in houses secretly, speaking in whispers and hiding in the shadows. A soothsayer is warning people in the streets to "beware the Ides of March." Mysterious boxes are beginning to turn up... containing daggers. Pompeia, her brother Cornelius, and her friend Roscus set out to investigate these strange happenings and soon find themselves entangled in a web of intrigue, deception... and murder!

COMPREHENSIBLE CLASSICS

LEVEL D NOVELLAS

PUER EX SERIPHO

VOL. 1. PERSEUS ET REX MALUS
VOL 2: PERSEUS ET MEDUSA

On the island of Seriphos lives Perseus a twelve-year-old boy, whose world is about to be turned upside down. When the cruel king of the island, Polydectes, seeks a new bride, he casts his eye upon Perseus' mother, Danaë. The woman bravely refuses, setting in motion a chain of events that includes a mysterious box, a cave whose walls are covered with strange writing, and a dark family secret.

Puer Ex Seripho is a gripping two-part adventure based on the Greek myth of Perseus.

VOX IN TENEBRIS

Lucanus, a Roman citizen travelling through Greece, has a big problem: he is far from home, broke, and desperate to make some quick money. A job opportunity soon comes his way, with a big reward: one hundred gold coins! The catch? Lucanus has to stay up all night with the dead body of a prominent citizen. Luccanus takes the job, even though he has heard the stories that citizens of the town whisper: tales of witches, ruthless and bloodthirsty, who wander the streets after the sun the sun goes down.

FILIA REGIS ET MONSTRUM HORRIBILE

Level: Beginner/Intermediate

Originally told by the Roman author Apuleius, this adaptation of the myth of Psyche is an exciting fantasy adventure, full of twists, secrets, and magic. The reader will also find many surprising connections to popular modern fairy tales, such as "Cinderella," "Snow White," and "Beauty and the Beast"

Made in United States
Cleveland, OH
19 June 2025